AUTORITÉ

LIBERTÉ.

QUESTIONS ACTUELLES

PAR

CH. DU BOISHAMON.

PRIX : 50 CENT.

DINAN,

DE L'IMPRIMERIE BAZOUGE.

1871.

AUTORITÉ. — LIBERTÉ.

La France est enserrée depuis six mois dans les griffes de l'Aigle de Prusse. Une grande étendue de notre territoire est occupé, et Paris est aux mains de l'ennemi.

C'est le troisième bienfait de ce genre que nous procure, depuis un demi-siècle, la dynastie Napoléonienne, et nous le devons aussi, disons-le, aux diverses révolutions qui, depuis quarante ans, ont préparé le retour des Bonaparte.

La véritable voie dans laquelle la France devait marcher lui avait été tracée par le dépouillement des cahiers de 1789, où étaient consignées les aspirations réelles de la nation.

Malgré les grands mots de progrès, elle a souvent décliné, et, depuis quatre-vingts ans, elle n'a eu que quelques intervalles lucides, de rares intermittences. On dirait parfois un fou qui, lorsqu'on le croit guéri, est pris de nouveaux accès de rage.

En fin de compte, où en sommes-nous ? — L'étranger vainqueur nous tient le pied sur la gorge; la vie est arrêtée; plus de commerce, plus de travail, plus d'arts. Nul n'est sûr de son lendemain ni de sa fortune; tous les principes sur lesquels reposent la sécurité et les garanties des citoyens sont violés ; la non-rétroactivité, ce palladium du droit français, ne protége plus les existences, qui sont livrées à un bouleversement général ; les lois sont méconnues par ceux qui devraient les faire observer.

Encore si cette perturbation sociale ne s'était produite qu'en vue de la défense du pays, nul ne se plaindrait; mais quand on songe qu'elle n'a eu lieu qu'en faveur d'une infime minorité de la nation française, on est honteux de subir un pareil joug, et, sans la crainte de jeter un nouveau trouble au milieu des malheurs du pays, il y a longtemps qu'on eût été unanime pour le secouer.

Si, comme il faut l'espérer, notre patrie doit être bientôt délivrée des armées allemandes qui occupent son territoire, la question radicale sera ensuite la reconstitution du pouvoir en France.

Au moment où j'écris, une Assemblée Nationale est réunie, et beaucoup désirent que cette Assemblée donne une nouvelle Constitution au pays. Tout le monde, en la voulant à sa guise, la veut néanmoins forte et stable. Très bien. Mais, de toutes celles à qui chacune des Assemblées, que nous avons vues défiler depuis quatre-vingts ans, a entendu conférer l'éternité, combien en reste-t-il debout ? Même la dernière, treizième ou quatorzième du nom, qui pourtant était sanctionnée par huit millions de suffrages, où est-elle maintenant ?

Votre Constituante établira-t-elle définitivement la République, avec un Président soit à temps, soit à vie ? Je n'entends pas une République *du bon plaisir* comme celle que nous avons eu le bonheur de posséder depuis le mois de septembre 1870 ; mais une République qui puisse être acceptée par les honnêtes gens.

Le sol français n'est guère apte, je crois, aux institutions républicaines, et, quelque concours loyal que leur prêtent les hommes d'ordre, elles seront toujours battues en brèche, si elles reposent sur des bases acceptables pour tout le monde, par cette tourbe de fanatiques qui veulent en exagérer le principe, aux dépens de la liberté et de la sécurité du pays, deux choses qui ne peuvent exister qu'avec un ordre permanent.

Si cet ordre est remis en question tous les quatre, cinq, et même tous les dix ans, la prospérité de la nation sera-t-elle irrévocablement garantie? Sur quoi repose cette prospérité? Sur la propriété, qui est le fruit du travail du passé, et sur le crédit, qui est le produit assuré du travail du lendemain.

Et si l'ordre de l'Etat dépend d'un homme que la mort peut enlever à chaque instant; s'il faut qu'au milieu de compétitions de toute espèce, la nation soit obligée de descendre sans cesse dans l'arène des comices, pour se choisir un chef, n'y a-t-il pas au bout de cela une série d'interminables révolutions qui ne peuvent que conduire le pays à sa perte?

Tout ce que je viens de dire d'une République

peut s'appliquer à une Royauté élective. Voyez la Pologne et tant d'autres Etats disparus par suite du principe électif, qui a miné et détruit finalement leur existence en *changeant leurs constitutions primitives.*

Voici ce qu'écrivait, en 1849, un publiciste distingué, Alexandre Weil :

« Avec le pouvoir électif, toutes vos forces
» s'épuiseront dans des querelles de personnes et
» de partis. Tandis que d'autres peuples se pose-
» ront facilement la question : *Comment* l'on doit
» gouverner, vous passerez des années entières à
» disputer sur la personne *qui* doit régner. Eux
» s'occuperont des choses à faire qu'ils feront;
» vous vous occuperez à faire des hommes qui ne
» feront rien. Ils agiront, vous vous agiterez ; ils
» useront, vous abuserez de tout.

» Pour eux, le mouvement organisé sera un
» germe fécond de vie et de prospérité. Vous,
» au contraire, avec votre mouvement fébrile,
» perpétuel, et partant stérile, vous ressemblez
» à des taupes qui remuent continuellement la
» terre, empêchant toute semence de germer,
» dans l'espoir de voir éclater le jour. Encore
» quelque temps de ce régime, bientôt, hélas !

» la France même sera atteinte dans son terri-
» toire, et le pays, déchiré par les factions se
» disputant le pouvoir, non pour *gouverner*, mais
» pour régner, sera inévitablement la proie des
» nations possédant un pouvoir uni, stable ,
» héréditaire, pour qui le mouvement des idées,
» ne portant que sur des réformes administra-
» tives, est nécessairement une source de pro-
» grès, de croissance et d'agrandissement.

» Il n'y a qu'un seul fléau, une seule guerre
» qui empêche la France de remplir toute sa
» mission , de donner toute la mesure de sa
» force : c'est la guerre entre la Démocratie et
» la Monarchie. Encore quelques années de cette
» lutte, et la France si riche, si belle, si noble,
» si ardente pour le bien, sera la dernière des na-
» tions, appauvrie, enlaidie, endolorie, partagée
» enfin en tronçons sanglants, dont les membres
» mourants seuls palpiteront en guise de cœur. »

Paroles, hélas ! trop prophétiques, qui ne
sont aujourd'hui malheureusement que de l'histoire d'une saisissante et douloureuse vérité.

Mais, me dira-t-on, voyez le Saint-Siége ;
voyez l'Amérique et la République des cantons
suisses.

La réponse est facile. Si ces Etats subsistent ainsi, c'est que, pour eux, le principe électif est l'essence de leur constitution primitive ; c'est, chez eux, LA LÉGITIMITÉ ! et voilà pourquoi, en France, je donne le nom de Légitimité à l'hérédité monarchique, parce que, depuis quatorze siècles, cette hérédité est la Constitution du pays.

Bien des gens combattent ce principe d'hérédité, comme incompatible avec la Liberté.

C'est une grave erreur. Au contraire, l'hérédité est la sauvegarde de la liberté, toujours compromise par les nouveaux gouvernements, qui, pour s'installer, ont besoin de despotisme et d'arbitraire, tandis que la liberté, vu la nécessité pour elle des transformations successives, découle sans effort et sans secousse, à l'abri d'un principe de gouvernement incontestable et incontesté. Je ne puis mieux confirmer cette idée que par une citation encore empruntée à Alexandre Weil :

« L'hérédité seule, en effet, représente l'ordre
» sans solution de continuité. Sans cet ordre
» incarné, rien ne peut exister. Qu'importe qu'il
» soit représenté par un génie, par un homme,

» une chose, un signe. Un siége même, un
» trône y suffit. L'essentiel, c'est que l'idée de
» l'ordre soit toujours présente, permanente et
» intacte, afin que, par ses rayonnements, on
» reste sur le chemin de la liberté.

» Le pouvoir donc, représentant l'ordre, doit
» être immuable, inviolable, c'est-à-dire, chose
» sacrée et éternelle comme la Divinité.

» Mais si le pouvoir, comme tel, règne, la
» Liberté doit gouverner.

» Le pouvoir, comme règne, c'est l'hérédité.
» La Liberté, comme gouvernement, c'est l'élec-
» tion, représentée par le suffrage universel.

» La Liberté n'est pas immutable. Elle change
» selon les intérêts, le temps, le climat et les
» mœurs des peuples. L'ordre n'est pas local ; il
» est ubiquiste toujours, comme la Divinité dont
» il émane. La Liberté, au contraire, est le
» fruit du sol et des mœurs. Elle change de
» face, de besoins et de langage. Aussi est-elle
» représentée par l'élection, qui est le change-
» ment, c'est-à-dire, le progrès, la transforma-
» tion en permanence.

» Et si l'ordre seul, représenté par le pou-
» voir héréditaire, venait à dégénérer en despo-

» tisme, il serait nécessairement tempéré par
» l'élection, représentée par la Démocratie et la
» Liberté.

» En sorte que l'ordre règne et que la Liberté
» gouverne. »

Pour développer cette thèse de *la Légitimité*,
si mal comprise, je ne puis mieux faire que de
citer un des plus illustres vétérans de la publi-
cité, M. Laurentie :

« On ne comprend pas assez que ce mot de
» *Légitimité* s'applique à tout ce qui constitue le
» droit, soit par rapport à ceux qui commandent,
» soit par rapport à ceux qui obéissent.

» Dans la juste notion du *droit*, ni le com-
» mandement n'est sans règle, ni l'obéissance
» sans liberté.

» La Liberté est légitime comme l'Autorité.

» Dans le droit légitime, tout est réglé ; rien
» n'est arbitraire, rien n'est désordonné, rien
» n'est extrême : le pouvoir est contenu dans
» son commandement, le sujet est libre dans
» son obéissance. De là un ensemble d'organi-
» sation politique où le pouvoir a son indépen-
» dance, où le peuple a son intervention, où
» tout est en commun, où rien n'est confus, où

» le pouvoir a l'initiative des lois, où la nation
» a la liberté des contrôles, grand système de
» *représentation* publique, où tous les intérêts
» sont défendus, parce qu'ils sont l'intérêt de
» tous, où chacun est libre, où chacun est
» fort, parce que nul ne prévaut sur personne,
» parce que la LÉGITIMITÉ couvre toutes les
» conditions, celle de l'enfant au berceau, comme
» dit Bossuet, celle du grand et celle du petit,
» celle de l'abandonné, celle du déshérité, celle
» de l'infirme, et même celle du criminel et du
» révolté, car la justice est réglée et n'est
» jamais de la violence et de la fantaisie.

» Voilà l'ordre politique que nous résumons dans
» ce grand mot de LÉGITIMITÉ, que la foule des
» frivoles ne comprend pas, et dont le sens s'ap-
» plique à toutes les formes raisonnables et con-
» nues de gouvernement, à la République des
» cantons Suisses, à la République des Etats-Unis,
» comme à la Monarchie de France, ou à l'Aris-
» tocratie d'Angleterre, ou au Gouvernement
» centralisé de tout pays où subsiste l'idée d'ordre
» social, telle qu'elle dérive du Christianisme ;
» car, hors du Christianisme, il n'y a pas d'ordre,
» pas de liberté : la liberté est anarchie, et l'or-
» dre, c'est l'abrutissement sous le despotisme. »

On fait des objections philosophiques à cette thèse de l'hérédité du pouvoir.

« Le peuple, dit-on, votera toujours pour un
» homme de génie, tandis que la succession héré-
» ditaire peut imposer au peuple un prince peu
» capable, vicieux même. »

Dans une monarchie absolue, ce pourrait avoir en effet des inconvénients, mais dans une monarchie constitutionnelle, telle que la veulent aujourd'hui les partisans de l'hérédité, là où la loi seule est la règle de toutes choses, cet inconvénient passager ne peut exercer une grande influence sur la destinée des Etats.

Quant aux hommes de génie portés au pouvoir par la masse, le nombre en est bien petit dans l'histoire du monde.

Voyons, dès les temps primitifs, comment s'exerça le suffrage des masses : à Moïse, il préféra le Veau d'Or, et les ancêtres de M. Crémieux acclamèrent Barrabas.

Une grande partie des rois élus étaient de grandes médiocrités : David, qui installa Salomon, l'avait été lui-même par Samuel. Si Saül fut élu par le peuple, ce fut à cause de sa beauté corporelle.

Que devinrent Aristide, Thémistocle, Socrate, Phocion chez les Athéniens, qui, suivant la remarque d'un judicieux écrivain, « donnaient des » majorités à Hyperbolus et à Colon, absolument » comme le peuple de Paris votait en 1848 pour » Albert et Caussidière.

» La masse n'a jamais aimé ou porté au pou » voir que des tribuns violents ou des médio » crités mielleuses. Son génie, comme vote, va » jusqu'à l'homme de guerre. Le peuple adopte » le génie seulement quand il s'est imposé par » la force du fait accompli. »

On objecte encore : « Les peuples ne sont plus » faits pour les rois. »

Ils ne l'ont même jamais été. Les bergers sont faits pour les troupeaux, et non les troupeaux pour les bergers. Heureux les peuples qui ont su garder les pasteurs choisis par Dieu, pour les guider et les protéger !

» Une Constituante, disent d'autres, n'aurait ni » le droit d'instituer un pouvoir héréditaire, ni de » reprendre la tradition interrompue de ce pou » voir, parce que la génération d'aujourd'hui n'a » pas le droit d'engager les générations futures. »

Mais la génération actuelle, qui est la mère de

celles à venir, n'a-t-elle pas le droit de leur tenir ce langage :

Voyez quelles secousses a éprouvées notre patrie ; voyez quels malheurs elle a subis depuis qu'elle s'est soustraite au principe qui fit sa force pendant tant de siècles, principe d'après lequel son territoire a été fait ce qu'il est aujourd'hui.

Pour l'ordre, il faut une base héréditaire, et le système électif pour la liberté. Voilà les deux seuls moyens de faire marcher un gouvernement. En dehors de là, des malheurs sans fin, la mort et le néant, qui nous menacent aujourd'hui.

Que serait la France, à l'heure présente, si la Révolution de 1830 ne l'eût jetée en dehors de ses voies ?

C'est surtout maintenant, quand notre intégrité est menacée, précisément par suite de cette imprudente folie qui allait, disait-on, reculer les limites de notre territoire, c'est aujourd'hui qu'il faut se reporter à quarante ans en arrière.

D'irrécusables documents ont établi qu'en 1829, le Gouvernement du roi Charles X eut le projet de poursuivre la révision des traités de 1815, et qu'en 1830, un grand changement diplomatique se préparait dans le monde ; il ne s'agissait de rien moins que de rendre le Rhin à la France.

Des négociations avaient commencé à ce sujet entre le cabinet de Saint-Pétersbourg et celui des Tuileries. Voici quelles en auraient été les bases :

« La France et la Russie contractaient une » alliance étroite, spécialement dirigée contre » l'Angleterre, qu'il s'agissait d'isoler. La France » reprenait les provinces rhénanes. Du Hanovre, » enlevé à la Grande-Bretagne, on faisait deux » parts, destinées, l'une à indemniser la Hol- » lande, l'autre à désintéresser la Prusse, dont » on aurait en outre arrondi les domaines par » l'adjonction d'une partie de la Saxe aux pro- » vinces prussiennes de la Silésie. On assurait à » la Saxe et à l'Autriche des dédommagements, » et, entre autres, une partie de la Dalmatie non » possédée, et de l'une des deux rives du Danube. » La Russie occupait la rive opposée. »

Tel était l'état des choses, lorsque la France crut devoir détourner un moment les yeux de ces projets pour entreprendre la guerre d'Alger.

M. Thiers n'a pu ignorer ces négociations diplomatiques. Quand il allait naguère en conférence au camp du roi de Prusse, à Versailles, et qu'il jetait, dit-on, sur Paris un long regard voilé de larmes, qui sait si le souvenir de ces négociations d'autrefois n'est pas venu l'assaillir, et s'il n'a pas senti passer sur son âme comme un regret d'avoir été l'un des premiers à provoquer les événements qui firent rentrer la France dans la voie des révolutions et empêchèrent l'exécution des plans d'agrandissement que je viens de rappeler ?

« Mais, me dit-on encore, le principe que vous
» défendez n'a pas plus sauvé la Monarchie héré-
» ditaire en 1830 que les dynasties Orléaniste
» et Napoléonienne, qui, toutes les deux, avaient
» inscrit l'hérédité en tête de leurs Constitutions. »

Ici, une distinction doit être faite. La Monarchie n'a été renversée en 1830 que par la *né-gation* du principe qu'elle représentait, le seul qui ait pu produire, en France, la succession dans une dynastie.

Louis-Philippe n'est tombé que par les conséquences nécessaires du fait qui l'avait porté sur le trône, et par l'application de ce même principe d'insurrection, en vertu duquel il régnait. Il avait méconnu l'hérédité ; elle ne lui a pas été accordée dans ses enfants.

Napoléon est tombé par expiation des abus de cette force militaire qui lui avait ouvert les portes du pouvoir.

La République de 1848 s'est abîmée, après les journées de Juin, dans l'exagération de son principe.

Il est des faits desquels il résulte évidemment que l'immense majorité des hommes d'ordre, en France, est pour le principe de l'hérédité.

Combien n'a-t-il pas été salué de fois dans la descendance du roi Louis-Philippe, à qui tant de gens promettaient l'éternité de sa dynastie !

Il y a un an à peine, les mêmes démonstrations n'avaient-elles pas lieu en faveur du futur Napoléon IV ?

Mais tous ces vœux allaient là où ils ne devaient pas aller. « Dieu seul est grand, » s'écriait Bossuet. Aussi Dieu s'est joué de toutes ces protestations, qui se produisaient à faux, puisqu'elles proclamaient l'hérédité en dehors de l'héritier.

Dans l'incertitude des événements futurs, encore voilés aux yeux de tous, l'avenir de la France est le secret de Dieu.

Mais on peut toujours dire, avec le vénérable M. Laurentie :

« Il faut à la France un régime sauveur, » l'inverse du régime qui a voulu, qui a fomenté,

» qui a créé le désordre le plus complet qui se
» soit vu chez une nation , par la perversion
» des idées et des mœurs, et par le cynisme
» et l'impiété.

» Il faut enfin, à la place des Saturnales, un
» retour de dignité et de vertu, et en un seul
» mot, à la place de l'athéïsme social, il faut
» la politique chrétienne. Il le faut pour le
» salut de la France, il le faut pour le salut de
» l'Europe ; car si le dévergondage anti-chrétien
» devait survivre aux crises effroyables que nous
» traversons, il n'y aurait qu'à écrire sur les
» poteaux, à chaque frontière des vieux Etats :
« Fin de l'Europe civilisée, règne des Barbares. »

Si la nouvelle Constituante, appelée à rétablir
un gouvernement, vient à reconstituer un pouvoir héréditaire en dehors de l'héritier que Dieu
semble avoir conservé au milieu de tant de
périls, pour fermer l'ère des révolutions , dont
aucun essai ne reste plus à faire , je puis lui
prédire, sans craindre de me tromper, que ce
sera seulement • changer les béquilles d'un per-
clus, » et qu'au lieu de clore un abîme, elle ne
rendra que plus béant le gouffre où la France
ira finalement sombrer pour avoir méconnu le
salut qui lui était offert.

Aux yeux de bien des gens, ce salut ne peut venir que de l'union de tous les Princes de la maison de Bourbon, travaillant, avec le Chef auguste de leur famille, à l'œuvre si nationale de la conciliation de tous les intérêts et de l'oubli de toutes les anciennes dissensions. Ce prince, mûri dans l'exil, ne serait ni le roi d'une caste, ni le roi d'un parti, comme trop de gens paraissent le craindre. Ce serait le roi de tous.

Je puis en témoigner en connaissance de cause, moi qui ai eu l'honneur de l'approcher. Mais de peur que mon témoignage ne paraisse suspect, je veux en emprunter un qui est incontestable, celui du républicain Charles Didier, après sa visite au royal exilé :

« Il eût fait, j'en suis convaincu, un excel-
» lent monarque constitutionnel. La nature de
» son esprit, son caractère même, étaient appro-
» priés à cette forme de gouvernement, et son
» éducation a été dirigée dans ce sens. L'esprit
» de parti le représente comme un absolutiste,
» et c'est comme tel qu'il apparaît à la foule,
» du fond de son exil ; la vérité est qu'il n'y
» a peut-être pas en Europe un constitutionnel
» plus sincère que lui. Bien plus, sauf quelques

» idées modernes qui ont déteint sur lui dans
» ces derniers temps, et qu'il travaille à s'assi-
» miler, c'est presque un libéral de la Restau-
» ration. Je me hâte d'ajouter que c'est un
» libéral religieux, sans pourtant que sa dévo-
» tion dégénère, comme on l'avait dit, en bigo-
» tisme. Il n'est pas douteux que son aïeul
» Charles X et que Louis XVIII lui-même ne
» fussent énormément scandalisés de ses doc-
» trines, et qu'il ne fût à leurs yeux un héré-
» tique politique, un Lafayette royal. »

Lui seul, à mon avis, peut donc réaliser l'alliance de l'Autorité et de la Liberté, comme il
le dit dans son dernier manifeste du 9 octobre
1870, dont on ne peut trop livrer les dernières
paroles aux méditations des honnêtes gens de
toutes nuances :

« Pénétré des besoins de mon temps, toute
» mon ambition est de fonder, avec vous, un
» gouvernement vraiment national, ayant le droit
» pour base, l'honnêteté pour moyen, la gran-
» deur morale pour but.

» Effaçons jusqu'au souvenir de nos dissensions
» passées, si funestes au développement du vé-
» ritable progrès et de la vraie liberté.

» Français, qu'un seul cri s'échappe de votre
» cœur :

» Tout pour la France, par la France et avec
» la France ! »

Cela ne vaut-il pas mieux que d'en être arrivé,
après quatre-vingts ans de révolutions, au despotisme de MM. Glais-Bizoin , Crémieux , Gambetta
et consorts, dont les actes peuvent se résumer
par ces mots :

« Tout pour nous, par nous et avec nous. »

Monchoix (Côtes-du-Nord), 20 février 1871.